Cartas que escribiría sobre tu piel

Miguel López

Cartas que escribiría sobre tu piel
Miguel López

Copyright © 2017 by Miguel Lopez
www.librosdemiguel.com

Fotografía de portada: @Alex Van / Pexels

ISBN: 9781521466384

Ninguna parte de esta publicación puede ser reproducida, almacenada o transmitida en manera alguna ni por ningún medio, ya sea electrónico, informático, químico, mecánico, óptico, de grabación o de fotocopia, sin permiso previo de su autor.
Todos los derechos reservados.

MIGUEL LÓPEZ

Visita la web
librosdemiguel.com

Sígueme en

lopezbmiguel

lopezbmiguel

MiguelLopezEscritor

*Aun cuando el amor se va,
el deseo sigue ahí*

Introducción

Somos seres que deseamos desde alma y el cuerpo. Siempre tenemos un diálogo interno entre estas dos partes de nosotros, que su vez se comunican con el alma y el cuerpo de aquella persona que amamos y deseamos, o que simplemente deseamos.

Es una dualidad que coexiste en la cotidianidad del mundo moderno, que nos hace cruzar palabras desde lo más profundo de nuestro ser hasta cualquier medio que sea posible para liberarnos de esa carga que muchas veces nos guardamos.

Este libro es una invitación a que juntemos esas palabras y esos deseos, a que me acompañes entre un mundo caótico donde la realidad choca con nuestros sueños, pero donde a veces, nuestros sueños salen vencedores, y nuestros deseos son saciados en la cama.

Si en tus miedos me encuentras

"Perfecto fue tu arriesgado impulso de tocarme con tus labios antes de que los míos pudieran sentirte..."

Desde el silencio de tu habitación soy capaz de leer tus miedos.

Anoche sentí que me exclamabas un «*quédate*», un «*hagamos una tregua*», y es como si tomara de nuevo las fuerzas necesarias para recobrar ese optimismo del pasado, de querer remontar diferencias y creer que puedo retocarte con mis soberbios conceptos del amor, del destino, de la manía compulsiva del momento y el lugar perfectos.

Que distante divago, pues perfecto fue el primer error, la primera diferencia, el primer desencanto. Perfecta fue tu falta de memoria, mi falta de tacto, tu falta de pudor. Perfecto fue tu arriesgado impulso de tocarme con tus labios antes de que los míos pudieran sentirte.

Reconstruyo mil veces los días, y retoco cien veces más la historia para hacerla parecer casual, vanamente posible, casi forzada.

Y en esta intangible pasión se rompe el silencio, y tu habitación pierde la paz, y las paredes tiemblan, y al temor de tu vida, le va faltando el miedo de mi partida...

Las nieves del desierto

"Y si a mí me cuesta el silencio, no me imagino cuanto te cuesta a ti esa sonrisa"

Ayer pensé en ti, no por simple casualidad.

El destino es juguetón y a veces peca de cruel, en ese sarcasmo recurrente de querer mostrarte una y otra vez las posibilidades sobre las cuales ya habías tomado una decisión.

Pero dime, ¿qué he decidido?, ¿por cuántos días se mantuvo vigente la voluntad de hacer un camino en otra dirección?... Y cómo lo cambia todo tu sonrisa en esa foto, cómo pervierte el equilibrio silente que pretendo conjugar para poder sobrevivir en estos días…

Y si a mí me cuesta el silencio, no me imagino cuanto te cuesta a ti esa sonrisa…

Y si a mí me pesan las horas, los semáforos, las intersecciones, no imagino como te pesa a ti cada kilómetro que decidiste interponer entre nosotros…

El destino a veces es cruel, porque eventualmente, luego de colocar días al calendario, luego de absorber unos cientos de suspiros más, es probable que nos regale el olvido, para nuevamente recomenzar y mostrarme de nuevo, tu sonrisa...

La ropa que olvidaste

"porque discutir, para ti, siempre fue una antesala"

Bajo esa almohada yace una parte de ti.

Esa ropa fresca, ligera, que siempre guardabas para dormir, en mi cuarto, lo suficientemente corta para mostrar parte de tu cuerpo, el cuerpo que te pones de noche, no el que sale a la calle, sino el otro, el que te pones para amar, el que usas para desbordarme en deseo.

Bajo esa almohada queda la evidencia.

La evidencia de que este territorio fue tuyo, de que libramos las mejores batallas, y que después de tantas discusiones nos entregábamos al placer

Es la evidencia de lo fácil que fue desvestirte, porque nunca apretabas los lazos, porque discutir, para ti, siempre fue una antesala, una obra puesta en escena, que tenía que acabar entre sábanas mojadas.

Y esta noche me pregunto si aún sigue aquí, por descuido. Si al irte olvidaste levantar tu última ancla, si es solo el olor de tu ropa que me confunde, o si la dejaste porque el «hasta nunca» de ayer es el inicio de una larga despedida, que comienza entre tus piernas...

Me pervierte

Tu simple caminar de espaldas
alejándote de mí
dejándome ver tu reverso
enciende mi fría mirada
activa mis sentidos de caza
me hace verte cual presa
que emprende la huida
pero es vano tu intento de alejarte
porque todos tus caminos te traen de vuelta

Desde tu ventana

"y no hay luz en la calle que muestre tu rostro"

La ventana permanece entreabierta, es un reflejo de las ideas que a veces se me ocurren, ideas que reciclo en días de luna llena, ideas sobre una tregua que me permita volverte a probar, sentir por otra noche el olor de tu cuerpo cansado, rendido, plagado de suspiros.

Es otra noche fría, la temperatura me hace temblar al ritmo de una soledad transitoria, de un duelo temporal que no pienso prolongar por más tiempo del necesario. Es el fruto de los recuerdos, es una oportunidad subconsciente que te reserva mi alma; saberte fiel aun cuando no me garantizas nada.

La ventana permanece entreabierta y no hay luz en la calle que muestre tu rostro, es una esperanza de botellas vacías, es el sonido de ese tren que ya inició su marcha, solo espero lo imprevisto, solo me siento desde este rincón de la cama esperando un accidente.

Pero fueron los accidentes los que me dieron vida, los que me hicieron conocerme como nunca antes como complemento de tu cuerpo de cristal, fueron los accidentes los que me trajeron a este presente impensable, inimaginable, donde ahora siento tus pasos ausentes, donde ahora finjo ser objeto inoxidable y eterno.

La ventana permanece entreabierta, y ya no puedo aguantar.

Tu otra vida

"porque aprendí que las sábanas ya no eran solo para dormir"

Siempre sentiste que fue mucho. Me hablaste sobre cómo tu vida era más sencilla antes. Me dijiste que te importaban otras cosas, que tu tiempo lo dedicabas a salir con otras personas, a estudiar, a leer, y que el trabajo constantemente te mantuvo ocupada.

Siempre que hablabas de ese tema me quedaba callado, te veía con estos ojos que siempre disimulaban tanta pasión, te miraba con tranquilidad, mientras por mi mente pasaban las imágenes donde te imaginaba en esa vida, tu otra vida, permanecía en mi silencio, mi propio y fingido silencio.

Callé por tantas razones, entre ellas, el miedo a saber que antes era posible esa vida sin mí, que despertaras cada mañana en una cama sin buscar mis labios, que salieras a almorzar todos los días sin probar mi comida, sin sentir el calor de mi cuerpo sentado a tu lado.

Callé porque mientras hablabas recordaba mi vida, una vida igual a la tuya, así de simple y de sencilla, donde mis días no eran tan distantes a los tuyos, donde los libros me acompañaban de vez en cuando a dar un paseo, donde los amigos me animaban a reunirnos el fin de semana, para alegrar una rutina donde el trabajo también me absorbía.

Pero ya no está esa vida, y aunque vuelva nunca será tan sencilla, porque mis labios ya conocieron los tuyos, porque aprendí que las sábanas ya no eran solo para dormir, porque mis manos conocieron su mejor propósito; hacerte sentir que llegamos al mismo cielo juntos...

Anhelas

"Y aun sobre tu almohada pides saber reconocerme"

caminarás en todos los caminos
y cada vez tendrás mayor seguridad
en la certeza de haber pisado la senda correcta

mis manos estarán amaestradas
mis labios serán recuerdo de otras bocas
pero eso no mermará las ansias de sentirte

soy el errante paso del camino temporal
de las estancias oscuras y húmedas
de las planicies despejadas y convocadas

seré quizás peor de lo que rechazaste
y a ratos, mejor de lo que soñaste

seré como ese manantial
que mana de tu imaginación
seré un poco mentor y un poco aprendiz
no tendré cabida en tu lógica

y aun sobre tu almohada
pides saber reconocerme
no aceptas la prontitud

del omnipotente en tu demanda
cree y anuncia la presencia en tu corazón

sé tu risa, sé mi cómplice,
sé la misericordia de los claveles
la pasión de los gemidos
sé la estela que mis sueños
proclaman como tu gran olvido

Susurros indelebles

"no hay esponja que pueda absorber de mis poros tus gemidos"

Siempre hay una mañana diferente, una mañana en que no estás pero estuviste, una mañana diferente a esas cuando simplemente sale el sol, una mañana en que además de despertar yacen sobre mí las evidencias, los restos de esa batalla donde no tratamos de herir al enemigo, sino hacerlo rendirse ante caricias, ante el deseo.

Amanece y no hay ducha que pueda llevarse tu piel de mi piel, no hay jabón que pueda diluir el olor de tu sexo con el mío, no hay esponja que pueda absorber de mis poros tus gemidos, y mucho menos esos susurros indelebles que dejaste en mi oído, para que me infectaran de tu amor, para que me hicieran víctima de tu elaborado plan para ganar esta guerra.

Entra el sol por mi ventana a buscarte, pero ya no te encuentra, porque marcas la retirada en el momento preciso, a la hora adecuada, para dejarme ver que los días ya no pueden ser cotidianos, que la mañana trae tatuada la ansiedad de verte, y que el espacio entre la próxima noche se hace eterna, aun cuando tenga la invitación pendiente, la certeza de otra fecha.

Amanece y encuentro la nota, la tinta de tus manos que se duerme en ese papel y que me pide recomenzar...

Viento sin norte

Quise enviar el mensaje, pero un latido me detuvo. Si te quedas pensativa es porque no pude borrarlo a tiempo.

Doble fondo

"no me rindo ante ti ni ante este yo que pretende defender tu causa"

Pensé que sería fácil verte partir, es mi naturaleza humana que me hace subestimar el dolor antes de llegar, una naturaleza que se sumerge en el ego de la insensibilidad, en una invulnerabilidad ficticia, creada cada día para pretender la normalidad.

Pensé que sería fácil pero no es así, sabía que podía defenderme de cualquier palabra que pudieras pronunciar antes de salir, pero el ataque no vino de ti, no vino de ti ni de afuera, fue un ataque interno, era el enemigo que habitaba en mí.

No oigo las palabras de tu boca sino el recuerdo de tu cuerpo que habla desde mí, no es la sensatez de mi mente sino la rebeldía de mi corazón, que se organiza y levanta barricadas en todas las calles por donde deseo huir, que traiciona las órdenes de mi racionalidad y me obliga a abdicar.

Pero no me rindo, no me rindo ante ti ni ante este yo que pretende defender tu causa. No me entrego a la ideología de unos besos imborrables, de unas caricias penetrantes.

En cambio, me repliego para preparar un mejor contraataque, para superar mi número de fuerzas leales, y así volver a sentir que, en el fondo, no te escribo.

Desde toscana

El primer error fue que llegaste sin invitación.
El segundo error fue aliarte conmigo.
El tercer error lo seguimos escribiendo en esta cama.

Dolor a la carta

"pero el camino que nos separa luce más oscuro"

Sentados en el restaurante de siempre, con los cigarrillos encendidos y el humor apagado, con la molestia de lo que nos pasó ayer, intentando que el silencio nos interrumpa y comience a hablar por nosotros, esperando un mediador, un regalo fortuito del destino.

—Disculpen, ¿desean ordenar?
—Aún no, gracias.

A la derecha, una pareja cenando con su hijo mayor que acaba de iniciar la universidad, compartiendo las emociones de la nueva etapa, a la izquierda, unos compañeros de trabajo comparten las anécdotas del día, pero en esta mesa solo estamos tú y yo; tú, yo y los problemas, tú y yo con nuestras heridas.

Nadie quiere ceder, es un suicidio ceder, pero el camino que nos separa luce más oscuro aún, y ninguno de los dos desea llevar a cuestas la culpa de esa decisión.

-Disculpen, ¿desean ordenar?

-Aún no, gracias.

Solo nos queda seguir esperando, los segundos, el tiempo, el hambre, o que alguna de las dos miradas deje de gritarnos el dolor que está causando...

De regalo una convicción

"intentando descifrar mi rostro, porque mis palabras no se dejaban"

Hoy hablé un poco de ti, me siento diferente cuando hablo de ese tema, no es la típica conversación de qué has hecho, qué ha pasado, cómo está el clima.

Tuve que hacerlo, ya no tenía alternativa, cada día me estaba asfixiando con este sentimiento que se hace pesado, que me desconecta del mundo real.

Hoy hablé de ti, como intentando darle forma a la historia, tuve que elaborarla desde el principio, pero no tuve claro cuál fue el principio, tuve que hacer un recuento de acontecimientos, pero no sé qué pasó primero.

Mi amiga me miraba, intentando descifrar mi rostro, porque mis palabras no se dejaban, y lo único que pudo entender es que el amor y el deseo me habían secuestrado, que mientras yo la veía escuchándome de cerca, ella sentía que estaba a varios kilómetros de allí, en reserva.

Y al final, sin entender, y sin juzgarme, me reveló esa convicción, como la que puedes ver en el rostro de un doctor que te explica su diagnóstico, que la pasión que siento por ti avanza como la noche, y que todavía no hay fuerza humana que la pueda evitar.

Medieval

Cuenta la leyenda que la princesa escapó del castillo.
Vagó pueblo tras pueblo buscando un caballero digno.
Un día se hartó y volvió con su dragón.

Llegada de luna

"nuestra coral que solo se interrumpe para tomar con la boca tu sexo"

No hay noche que supere las de luna llena junto a tus gemidos, esa luna cómplice, rebelde, que se niega a dejarnos partir, que vuelve cada cierto tiempo para borrar los pensamientos, para hacer que nuestros cuerpos se dediquen a sentir, a tocar, a vibrar.

No hay luna nocturna que no pase por esta ventana, que con ojos claros pueda fingir indolencia, que pueda esconder la felicidad de vernos arder, entre sábanas, entre la rabia que se disuelve dentro de ti, entre el miedo que desaparece dentro de mí.

No hay llamadas que puedan interrumpir nuestro concierto, nuestra forma de crear música sin cuerdas, nuestra coral que solo se interrumpe para tomar con la boca tu sexo, escondido, húmedo y a la vez sediento de mí.

No hay tiempo suficiente para acabar toda la energía, porque nuestra luna aún brilla, porque nuestra cama sigue en pie, y porque apenas estás por llegar...

Conjugando Me

Como amo ser lo que seré sobre ti
animal desbocado
perfecto al equivocarme
al tropezar tus partes sensibles
al querer compensarte haciéndote más
tomándolo todo y soltando en la cima
te quedas en desconcierto
solo por un breve instante
porque luego vuelvo con fuerza
atacándote en plena ingravidez
pasiva llegada
nos escondemos en el silencio
en la mirada infinita
solo unos minutos
para volver a empezar

Menú para dos

Mi imagen preferida de cada mañana; abres la cortina en ropa interior para que podamos desayunar en la cama, y continuar lo de anoche...

Peaje

"y en las curvas debo frenar con mi lengua"

Hay tantos caminos que recorrer, y la diferencia siempre la hago al comienzo, en cada elección. Cada ruta me lleva a nuevas experiencias, a nuevos aprendizajes, nunca vuelvo a ser el mismo, porque una pequeña parte de mí se hace diferente.

Hay tantos caminos que recorrer, pienso cada vez que cruzas esa puerta, y traes historias, y a veces alguna que otra cosa que comer, y me ofreces, atrayéndome nuevamente, poniendo la carnada en tu acecho.

Hay tantos caminos que recorrer, y hoy comenzaré por tu pecho, antes de perderme buscaré una salida, hacia arriba, para poder ver mejor, desde tus hombros, hasta tu cuello, sentir tu fragancia y después tu aliento.

Hay menos caminos, ya escogí cabalgar con mis labios, y me arriesgo a bajar, la pendiente me acelera, y en las curvas debo frenar con mi lengua, para no volcar, para no asustarte con tanta velocidad.

La vía yace libre, despejada, dispuesta a darlo todo, atrás quedaron las historias, los regalos, abandonados en medio del camino, marcándote el regreso a casa...

...pero antes de irte, tendrás que pagar.

Pinot noir

"se me revierte el aliento, no puedo huir del alba"

¿Cuán mala puede ser la melancolía si me permite valorar los momentos que dejamos pasar?

¿Qué tiene de malo quedarme un rato sentado, con esta moribunda botella, releyendo tus antiguas notas?

Una vieja amiga en común me acompaña, por allá, acomodada en el rincón, en el fondo de la habitación, con sus cuatro patas silenciosas, pero que nosotros las hacíamos sonar, con la fuerza de nuestras ansiedades.

A veces esa cama me mira, con un cierto aire de reclamo, extrañando tu presencia, extrañando lo que solíamos ser aquellos largos viernes en la noche, pero no dice nada, me entiende en su silencio.

Y mientras tanto se seca tu copa, se me revierte el aliento, no puedo huir del alba. Busco ansiosamente por todas partes…

…te llevaste mi última botella.

Sin reservaciones

¿Romper o derretir el hielo?
He ahí el dilema que enfrento
cada vez que veo tu cuerpo desnudo
bajo las sábanas de mi cama
me incitas con tu juego
de distancia, de indiferencia
probando el personaje y probando tu público
pero como todas nuestras noches
la función es privada
el libreto se escribe a dos manos
y los buenos
siempre mueren al final

Maiquetía

"el miedo yace a mi lado, lo veo aquí sentado"

No todo boleto es un destino, a veces es simplemente eso, la intención de largarse, una excusa para el desahogo, para hacer una pequeña pausa en esta historia que comienza en tu voz.

Hoy tengo una hora, un día, en el cual puedo cambiarlo todo, fingir que no me arriesgo a perder nada, que si tu piel se enfría podré hallar otro refugio, otra cama.

Pero la verdad es que el miedo yace a mi lado, lo veo aquí sentado, en la misma sala de espera, con su boleto en la mano, pensando igual que yo que quizás ha olvidado algo.

Ahora veo que no soy la única voz que te habla, que no soy el único pasajero que pretende irse, que probablemente el destino ha cambiado.

                              Me llamas. Vuelo cancelado.

Cuestión de azar

¿Cara o sello?
cara, discutimos en la sala
sello, discutimos en la cama

Conversación de otro nivel

Háblame
cierra tus ojos cuando te guste suave
aprieta mi cabello cuando te guste fuerte
abre los labios cuando desees probar
repliégate cuando quieras cambiar
respira profundo cuando me esté acercando
extiende tu cuello cuando esté en el sitio
y gime rápidamente cuando ya sea hora
de explotar juntos

Post Medieval

Cuenta la leyenda que la princesa volvió a escapar
encontró a su caballero ebrio en alguna taberna
le confesó que su miedo no era el dragón
sino volver a amar

Cortázar

"víctima de la esquizofrenia del tiempo finito"

Toco tu boca, con un dedo toco el borde de tu boca, con mi cuerpo toco el borde de tu boca, contigo mi boca se toca, y rayuela despliega sus alas, se descuelga, se vuelve a ordenar, y no consigo número para empezar, solo tengo ese inicio, tu boca, donde comienza todo, hasta callar, hasta dibujar en silencio sobre mi piel, donde tu boca se entreabre, para acariciarme con su aliento, con esa alma sedienta de placer, que respira y suspira, que me muerde impulsivamente en cada esquina, y se aleja por un momento, para contemplar, para decidir ahora donde va a atacar, y tomarme de nuevo en arrebatos desincronizados, víctima de la esquizofrenia del tiempo finito, de las horas del día, que amenazan, como siempre, nos obligan a acelerar, y bajamos en picada, al fondo, hasta que tus manos me dicen…
…que juntos vamos a acabar.

Al mediodía

"mensajes y llamadas, pequeños salvavidas de esta vida contemporánea"

La distancia más larga que recorremos a diario, es la separación que se nos hace eterna, el mayor tiempo desde que estuvimos juntos, y no hay esperanza de encontrarnos pronto, el sol nos lo recuerda, parado allí, sobre nosotros, nos dice que primero debe volver a caer.

Cada mediodía nos hacemos víctimas del tiempo, secuestrados en ese largo pasillo contiguo, entre los dos extremos de la noche, y tanta luz nos duele en los ojos, nos pesan los párpados, y solo nos queda jugar, con la imaginación, con el morbo de nuestro deseo.

—¿Qué te parece si hoy...
—Me encantaría, y quizás también...

Y levantamos nuestro propio refugio, piedra sobre piedra, nuestro propio mundo alterno, entre mensajes y llamadas, pequeños salvavidas de esta vida contemporánea, de este mundo acelerado y disperso, en cosas banales y efímeras, pero tú y yo nos hacemos inmunes, y nos encontramos, en este intermedio...

...donde somos otros, al mediodía

Ultra Medieval

Cuenta la leyenda que el dragón
después de esperar un tiempo a la princesa
publicó un aviso online
a la semana
una fila de casi 500 princesas
esperaban entrevistarse con el dragón

Arrópate

"buscando esas zonas que se endurecen con las caricias"

Tu cuerpo se ve mejor bajo mis sábanas, es la prenda que mejor te luce, y no es porque se ajuste perfectamente a tu piel, ni porque ese color te combine, en realidad cualquier sábana de mi casa te puede sentar bien.

Al verte allí, sabiéndote en plena desnudez, con tus manos inquietas y juguetonas, moviéndose bajo la tela, buscando esas zonas que se endurecen con las caricias, haciéndome sentir que son mis manos las que te tocan, es así que me doy cuenta, que solo mis sábanas te dan esa libertad.

Son ellas las que te llevan a mutar, a salir de las normas, de las inhibiciones, te ayudan a respirar, en lo profundo, en lo íntimo, y me tientan, a entrar contigo a ese mundo, a liberarme de esta prisión, desprenderme de esta ropa.

Y a los segundos me veo allí, en nuestra cápsula de fuego, dispuestos a prestar el cuerpo al otro, para su propia saciedad, para intercambiarnos los roles de sumisión y posesión, para recordarte que estas son las únicas sábanas…

…que debes usar.

Neruda volteando la hoja

"me cuentas, sin palabras, de la naturaleza apasionada de tu ser"

Me gusta cuando callas porque ese silencio es diferente, silencio en tu presencia, en la cercanía que me permite inhalar tu delgado olor, que perfuma mi cuerpo cuando cabalgas, cuando me cuentas, sin palabras, de la naturaleza apasionada de tu ser.

Me gusta cuando callas porque escucho mejor tus gemidos, que me van guiando por el laberinto de tu pecho, donde me pierdo y divago por un rato, hasta encontrar una señal de bienvenida cerca de la ingle.

Me gusta cuando callas porque el sol ya se ha ido, cada uno de mis sentidos se enfoca en este espacio, entre las fronteras del borde de la cama, dentro de la capital de tu fuego encendido.

Me gusta cuando callas porque así sé…
                        …que estás por explotar.

Antes de dormir

"un destierro que se prolonga hasta el siguiente amanecer"

Cada día en que no me dices "buenas noches" queda un ciclo abierto, una noche eterna, una vigilia indeseada que deberás pagar. Porque no es humano dejarme así, en la espera, en la incertidumbre de saber que, aunque distante, tienes la intención de ir a la cama conmigo, de ser el último pensamiento que pasa por tu mente antes de entregarte al descanso.

No sé si lo haces por descuido, pero me condenas a un destierro que se prolonga hasta el siguiente amanecer, me dejas intentando rescatar mi ánimo, elaborando conjeturas, posibles respuestas que justifiquen ese trato.

Pero lo cierto es que poco duermo, no me atrevo a preguntarte por qué pasa, me quedo mejor esperando a la siguiente noche, donde por alguna desconcertante razón ya no necesito escucharlo de tu boca, porque tu abrazo me lo explica todo.

Estar

"el boleto de libertad que tu propia moral había permitido"

No necesitas volver.

Siempre supe que algún día querrías marcharte. No hay forma de prepararse para el último día, para el último adiós. Siempre es impredecible saber por anticipado si la despedida tendrá un aire de rencor, o un aire de resignación.

Imagino por tu parte que también lo presentías, cada vez sentía más esa mirada tuya en la cama, cuando todavía nos quedaba por conocer de nuestra piel, con los ojos de alguien que se come un helado sabiéndose diabético, de estar como ignorando por un instante el pecado que estabas cometiendo.

Desde la primera vez que lo leí en tu rostro supe que el tiempo estaba contado, y aunque parezca contradictorio, por primera vez te empecé a sentir libre, desenfrenada por la ansiedad de que no quedarían nuevas oportunidades para dejar que tu pasión se expresara.

Empezaste a tocarme como nunca me habías tocado, respirabas sobre mí, profundamente, como queriendo absorber mi olor en tu alma para siempre, para recordarme. Me dejaste recorrer tus zonas ocultas, sin temor, sin vergüenza, con la humedad de tu sexo, con el elixir de mi boca.

Eras tu misma, por primera vez, como consecuencia de esa tregua que habías negociado con tu conciencia, el boleto de libertad que tu propia moral había permitido a cambio de una condena eterna, a costa de mi distancia definitiva.

Y, sin embargo, aquí estás, sin decirme nada, en la que podría ser, nuestra última noche.

Ya lo sé

"y terminar retribuyéndome ese placer con dos palabras"

No lo dirías.

No podrías pronunciar esa verdad que te dejaría vulnerable ante mí. Sería como encontrar las pruebas contundentes que incriminan a un investigado, no habría abogado capaz de defenderlo, no habría esperanza de su salvación.

No me dirás realmente lo que sientes, pues ya he visto en tus ojos esos miedos, que te enfrentan con tu propia vida en cada instante, que te hacen querer salir corriendo cada vez que te acercas a lo que realmente quieres.

Tu conciencia trabaja día y noche, vigilando tus palabras, controlando tus diálogos, evitándote el error de revelarte, de dejarte llevar una noche de estas, al final de un orgasmo, al final de una caricia, y terminar retribuyéndome ese placer con dos palabras.

Por eso me propongo dejar de preguntarlo, no pretendo que nos sentemos y que de repente una tarde hables de eso, en cambio solo quiero seguir leyendo en tu piel esas verdades, porque es mi juego ser el detective de tu cuerpo.

Moderno

Cuenta la leyenda que el dragón escogió otra princesa
se aseguró que no pudiera salir nunca del castillo
por eso tuvo tantos seguidores en sus redes sociales

A tu regreso

"que ese tempestuoso mar era tu cruzada"

Había veces, después de hacer el amor, te que quedabas despierta, con los ojos abiertos durante un rato más, mientras a mí me costaba mantener la vigilia. Se notaba que tu mente se alejaba, que navegaba por aguas agitadas, entre relámpagos y fuertes vientos cruzados.

Yo deseaba ir a tu rescate, pero me faltaban energías para hacerlo. A veces me preguntaba si realmente necesitabas un poco más de mí, de mi voz interrogativa y comprensiva, pero una corazonada me detenía, me hacía ver que ese tempestuoso mar era tu cruzada.

Y por eso me quedaba en silencio, a tu lado, simplemente brindándote mi pecho para ese pensamiento, acariciando tu mente confundida con la calidez de mi calma, la que me hace esperarte, como siempre, de nuevo, en nuestro propio puerto.

Recíproco

Desde ese día, el guerrero siempre acude a la cueva de esa mujer. Todos los caminos que recorre tienen siempre la misma parada. Dicen que solo cuando tienen sexo logra ganar las batallas. Lo que pocos saben, es que esa mujer, ansiosa de volverlo a ver, es quien las crea.

Lección

"escribo mis apuntes en el cuaderno de tu piel"

Discúlpame, estoy aprendiendo.

Siempre fui de los mejores estudiantes de mi clase. Siempre que tuve una duda levanté mi mano. No recuerdo tarea que no haya entregado a tiempo. Los profesores me firmaron todas las cartas de recomendación que necesité.

Pero no hubo escuela que hablara de ti.

No hubo profesor que me dijera cómo traducir tus palabras, tus gestos, tus emociones. No hubo una materia que se relacionara con la forma en la que pides cada noche de mí, de mis caricias, de mi atención.

Camino solo en tu territorio desconocido, escribo mis apuntes en el cuaderno de tu piel, investigo nuevas ideas y conclusiones en los pliegues de tus labios, luchando contra el miedo de equivocarme, de parecer torpe o soez, intentando pasar cada página de tu entrepierna mojando mis dedos, recordando detalladamente los gemidos de cada zona, esperando, esperando ansioso, la próxima lección.

Sobre el paladar

"mostrándome los manjares que esconde tu cuerpo"

Te preparo una cena condicional, que espera algo más que tu halago, no me conformo simplemente con un "gracias", con un "te quedó delicioso", con una sonrisa o una buena charla.

Te preparo una cena que quiero escuchar que te haga suspirar, que está caliente, recién servida, que te recuerde que el placer entra por los sentidos.

Te preparo esta cena como un desafío, que espero quieras aceptar; que tu después seas capaz de impresionarme con tu propia destreza, desprendiendo lentamente tu ropa, mostrándome los manjares que esconde tu cuerpo, dándomelos a probar uno tras otro.

Te preparo esta cena porque ahora quiero sentir el esmero de tu cocina en mi cama, la ardiente sazón de tus condimentos, y que me sirvas tus recetas sobre la mesa de éstas sábanas.

Andando por la calle

Seguirte o no seguirte
muéstrame al menos media sonrisa
para mostrarte la felicidad entera

Espejismo

"una novela sin diálogos, un acertijo sin solución"

No son tus manos, es la forma como las controlas, como las haces crear emociones a flor de piel sin siquiera haberme tocado, como me seducen con sus movimientos armónicos, haciéndome fantasear con lo que están a punto de moldear con la arcilla de mi cuerpo.

Son las manos adiestradas en el arte de esa guerra en la cual no se requieren fusiles, son las manos sincronizadas con tus intenciones, que bailan con mis expectativas, que conocen perfectamente el camino que sube hasta el cielo, que comienza en mis mejillas, y termina en mis caderas.

Esas manos simples, desnudas, a veces frías, a veces cálidas, pero siempre aventuradas, dispuestas a desafiar toda norma, toda barrera moral, y recrear entre círculos y apretones una sinfonía en D menor, una novela sin diálogos, un acertijo sin solución.

Son esas manos, que aun estando solo, recordándolas en el silencio de esta noche, siento que siguen aquí, a mi lado, sin poder tocarme, esperando quizás que pronto, puedas venir a darles vida...

...nuevamente.

Vitalidad

"donde mis expectativas chocan de frente contra el muro de lo tangible"

Días pesados, de verdad que estos días han sido difíciles para mí, a veces siento que camino por una ciudad desconocida, a la que no comprendo sus normas, su forma de revertir los sueños que hemos tenido desde jóvenes, camino por la acera, viendo las vitrinas, viendo a las otras personas, sin tiempo para vernos las caras, sin tiempo para valorar lo que realmente importa en este mundo, nosotros.

Estos son los días donde mis expectativas chocan de frente contra el muro de lo tangible, de lo que parece real, es el impacto de lo que no tiene forma pero tiene vida, contra lo que se palpa, lo que se encuentra. Y mientras sigo por inercia, caminando en la dirección de mis pensamientos, me tropiezo con personas en agonía, con titulares desafortunados, con impresiones de otros rostros, que parecieran estar viéndome pero están en sus propias abstracciones, en su propio tormento.

Y antes de sentirme que caigo derrotado ante tanta indolencia, tu voz me susurra al oído, en ese tono suave, calmado, sugestivo, casi anestesiante, palabras vida. Me haces renacer, me haces sentir que mi alma revive con la excitación de mis hormonas, con la invitación que me haces de escapar por una noche de esta pesadez, con la insinuación de que entre tus piernas puedo hallar un significado más simple de este transitar por nuestro mundo terrenal.

En el circo

No hace falta invitación
no hacen falta boletos
no hay una fecha ni horarios
levantamos esta carpa con las telas de nuestras sábanas
sostenemos ese techo con las erecciones de nuestro cuerpo
hacemos acrobacias arriesgadas
tú me tomas y yo te sujeto
hacemos saltos al vacío con tu boca
nos posicionamos al placer
en contorsionismos improvisados por el instinto
recreamos los animales enjaulados
que se escapan una y otra vez
hasta que aparece el amo punitivo
saciando su deseo de poder
la dominación de tu fragilidad
la fuerza de mi castigo
que se repite y se repite
con tu gritos y gemidos
en un ascendente ritmo salvaje
hasta que juntos resbalamos
y caemos sumergidos en un solo orgasmo

Cabellos en la almohada

"...con tu elegante manera de proponerme travesuras obscenas"

Son las intenciones de querer volver a verte, son esos misteriosos actos fallidos que me revelan cada día que este deseo se sale de control, que crece persistentemente sobre un piso frágil, que no logra sostenerlo por más tiempo, gastando inútilmente mis energías en distracciones, en conversaciones superficiales, ir de un lado a otro, con compañías sustitutas, para que al cabo de un tiempo la verdad se revele frente a mi rostro.

Es el esfuerzo que hago inútilmente todos los días, con el transcurrir de las horas, las horas que recorren las agujas del reloj, los minutos que cuento en los pasos de la gente, en las horas de salida y entrada de la oficina, en el vaivén de los árboles que vigilan desde mi ventana.

Pero todo se pierde, todas las columnas se derrumban de manera consecutiva, en cascada, se diluye el avance que he logrado con el simple aparecer de uno de tus cabellos, que descansan sobre esta almohada, que me recuerdan que no fuiste un sueño, que la noche anterior no hubo un placer solitario, sino que estabas tú, con tu soberbia manera de hacerme encender, con tu elegante manera de proponerme travesuras obscenas, deleites viscerales, y obligarme, nuevamente, a desear tu visita.

Palabras finales

Esta recopilación llega hasta tus manos para cobrar vida, cada lector se fusiona de una manera diferente con estas líneas.

Me gustaría conocer qué palabras y qué emociones despiertan en ti al terminar de leer.

Por favor comparte tus comentarios en la página de esta obra en Amazon; quisiera leerte también.

Atte.

Miguel López

Indice

Introducción 9
Si en tus miedos me encuentras 11
Las nieves del desierto 13
La ropa que olvidaste 15
Me pervierte 17
Desde tu ventana 19
Tu otra vida 21
Anhelas 23
Susurros indelebles 25
Viento sin norte 27
Doble fondo 29
Desde toscana 31
Dolor a la carta 33
De regalo una convicción 35
Medieval 37
Llegada de luna 39
Conjugando Me 41
Menú para dos 43
Peaje 45

Pinot noir	47
Sin reservaciones	49
Maiquetía	51
Cuestión de azar	53
Conversación de otro nivel	55
Post Medieval	57
Cortázar	59
Al mediodía	61
Ultra Medieval	63
Arrópate	65
Neruda volteando la hoja	67
Antes de dormir	69
Estar	71
Ya lo sé	73
Moderno	75
A tu regreso	77
Recíproco	79
Lección	81
Sobre el paladar	83
Andando por la calle	85
Espejismo	87
Vitalidad	89

En el circo 91

Cabellos en la almohada 93

Palabras finales 95

Indice 97

Otros libros de esta colección: 100

Otros libros recomendados: 103

Otros libros de esta colección:

Serie "Cartas Nocturnas" (Libro nº1):
Cartas que guardo bajo la almohada es una recopilación de cartas escritas como poemas en formato de prosa, con la intención de capturar emociones encontradas, ocultas y a veces herméticas, producto de la meditación nocturna del autor. Es una invitación al deseo y a la ensoñación distante, imposible. Es una marca que se escribe dentro del alma, donde la mente lucha por lograr la paz y encontrar la resiliencia.

Puedes conseguir este libro en:
Amazon EEUU: https://www.amazon.com/dp/B06Y2P3CZD
Amazon España: https://www.amazon.es/dp/B06Y2P3CZD
Amazon México: https://www.amazon.com.mx/dp/B06Y2P3CZD

Serie "Cartas Nocturnas" (Libro nº3):
Cartas que aún te esperan es una recopilación de varias cartas en prosa poética que evocan sentimientos de amor y nostalgia, voces que surgen en la espera romántica. Se caracteriza por simbolizar un momento diferente en este viaje de expresiones solitarias sobre un amor que, estando presente o estando ausente, nos ha transformado.

Puedes conseguir este libro en:
Amazon EEUU: https://www.amazon.com/dp/B077NM6NZ4
Amazon España: https://www.amazon.es/dp/B077NM6NZ4
Amazon México: https://www.amazon.com.mx/dp/B077NM6NZ4

Serie "Cartas Nocturnas" (Libro nº4):
Cartas que te escribí antes de conocerte. El amor no siempre comienza en el momento en que dos personas se conocen. Para algunos el amor comienza antes, mucho antes, cuando descubren esa necesidad interior de querer compartir su vida con alguien más. Este libro es el eco de esas emociones que nacen durante la espera de ese amor total, definitivo, de ese destino que todos nos merecemos.

Puedes conseguir este libro en:
Amazon EEUU: https://www.amazon.com/dp/B07BJD3VTJ
Amazon España: https://www.amazon.es/dp/B07BJD3VTJ
Amazon México: https://www.amazon.com.mx/dp/B07BJD3VTJ

Otros libros recomendados:

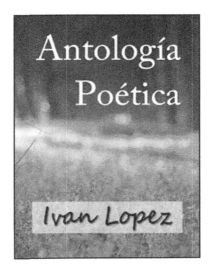

La **Antología Poética** de Iván López es una recopilación de los principales poemas escritos por este notable autor venezolano, que recoge obras inspiradas en numerosos temas de su propia vida, como el amor por su pareja, por sus hijos, y por la tierra donde tuvo la oportunidad de crecer y vivir la mayor parte de su vida; Yaracuy.

Puedes conseguir este libro en:
Amazon EEUU: https://www.amazon.com/dp/B072JWVTJF
Amazon España: https://www.amazon.es/dp/B072JWVTJF
Amazon México: https://www.amazon.com.mx/dp/B072JWVTJF

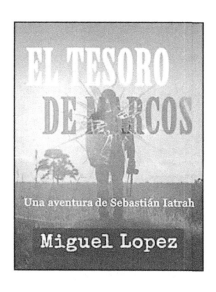

Novela **El Tesoro de Marcos**:
Sebastián es un periodista novel, que encuentra dificultades para conseguir un trabajo decente que pueda ayudarle a cubrir sus gastos. Agobiado por un jefe molesto, un padre malhumorado y una novia asfixiante, decide tomar una misión internacional a uno de los países más peligrosos del nuevo continente. Acompaña a Sebastián a descubrir increíbles paraísos tropicales del caribe, a conocer una de las principales capitales de Latinoamérica, bañarse en una de las playas paradisíacas del caribe tropical, volar sobre el salto de agua natural más alto del mundo y adentrarse en la selva amazónica.

Puedes conseguir este libro en:
Amazon EEUU: https://www.amazon.com/dp/B0756PJBHF
Amazon España: https://www.amazon.es/dp/B0756PJBHF
Amazon México: https://www.amazon.com.mx/dp/B0756PJBHF

Cuentos para leer en familia de Iván López es una recopilación de cuentos escritos por este notable autor venezolano, que se caracterizan por ser historias con aprendizajes valiosos que pueden ser comentados y compartidos con los más jóvenes de la casa. Sin duda, esta obra es una combinación perfecta entre el humor, la aventura, los valores y las moralejas, por lo tanto, se percibe como una forma muy amena de aprender leyendo.

Puedes conseguir este libro en:
Amazon EEUU: https://www.amazon.com/dp/B071G56485
Amazon España: https://www.amazon.es/dp/B071G56485
Amazon México: https://www.amazon.com.mx/dp/B071G56485

Made in the USA
Las Vegas, NV
14 October 2023